CATECISMO DA BÍBLIA

Coleção **Por trás das palavras**

- *ABC da Bíblia*, VV.AA.
- *Bíblia, livro da aliança (Êxodo 19-24)*, Carlos Mesters
- *Bíblia, livro feito em mutirão*, Carlos Mesters
- *Carta aos Romanos*, CEBI
- *Catecismo da Bíblia*, Paulo Lopes de Faria
- *Dez mandamentos (Os): ferramenta da comunidade*, Carlos Mesters
- *Esperança de um povo que luta: o Apocalipse de São João*, Carlos Mesters
- *Paulo Apóstolo: um trabalhador que anuncia o evangelho*, Carlos Mesters
- *Pequeno vocabulário da Bíblia*, Wolfgang Gruen

Impressão e acabamento
PAULUS

Seja um leitor preferencial **PAULUS**.
Cadastre-se e receba informações sobre nossos lançamentos e nossas promoções:
paulus.com.br/cadastro
Televenda: **(11) 3789-4000 / 0800 16 40 11**

1ª edição, 1980
28ª reimpressão, 2019

© PAULUS – 1980

Rua Francisco Cruz, 229 • 04117-091 – São Paulo (Brasil)
Tel.: (11) 5087-3700
paulus.com.br • editorial@paulus.com.br

ISBN 978-85-349-0426-1

FSC
www.fsc.org
MISTO
Papel produzido a partir de fontes responsáveis
FSC® C108975

DOM PAULO LOPES DE FARIA

Arcebispo de Diamantina - MG

CATECISMO DA BÍBLIA

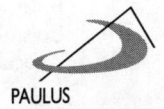

PAULUS

OS LIVROS DA BÍBLIA

ANTIGO TESTAMENTO

Gênesis	Gn
Êxodo	Ex
Levítico	Lv
Números	Nm
Deuteronômio	Dt
Josué	Js
Juizes	Jz
Rute	Rt
Samuel	1Sm, 2Sm
Reis	1Rs, 2Rs
Crônicas	1Cr, 2Cr
Esdras	Esd
Neemias	Ne
Tobias	Tb
Judite	Jt
Ester	Est
Macabeus	1Mc, 2Mc
Jó	Jó
Salmos	Sl
Provérbios	Pr
Eclesiastes (Qohelet)	Ecl
Cântico	Ct
Sabedoria	Sb
Eclesiástico (Sirácida)	Eclo
Isaías	Is
Jeremias	Jr
Lamentações	Lm
Baruc	Br
Ezequiel	Ez
Daniel	Dn
Oséias	Os
Joel	Jl
Amós	Am
Abdias	Ab
Jonas	Jn
Miquéias	Mq
Naum	Na
Habacuc	Ha
Sofonias	Sf
Ageu	Ag
Zacarias	Zc
Malaquias	Ml

NOVO TESTAMENTO

Mateus	Mt
Marcos	Mc
Lucas	Lc
João	Jo
Atos dos Apóstolos	At
Romanos	Rm
Coríntios	1Cor, 2Cor
Gálatas	Gl
Efésios	Ef
Filipenses	Fl
Colossenses	Cl
Tessalonicenses	1Ts, 2Ts
Timóteo	1Tm, 2Tm
Tito	Tt
Filemon	Fm
Hebreus	Hb
Epístola de Tiago	Tg
Epístolas de Pedro	1Pd, 2Pd
Epístolas de João	1Jo, 2Jo, 3Jo
Epístola de Judas	Jd
Apocalipse	Ap

1.
O QUE É A BÍBLIA

1. O que significa a palavra "Bíblia"?

Bíblia é uma palavra da língua grega, no plural, que quer dizer *livros*.

2. Que é a Bíblia?

É uma coleção de 73 livros, chamados livros sagrados, escritos por inspiração de Deus, e que trazem a palavra de Deus revelada.

3. Quem escreveu a Bíblia?

Foi Deus quem escreveu a Bíblia.

4. Como Deus escreveu a Bíblia?

Deus quis se servir de homens, que ele foi escolhendo, ao longo da história da salvação, para escrever aquilo que ele queria que fosse escrito, e somente aquilo que ele queria revelar.

5. Como se chamam esses homens escolhidos por Deus?

Chamam-se autores sagrados, ou hagiógrafos. São como que instrumentos, mas instrumentos humanos, nas mãos de Deus.

6. Quantos são esses autores sagrados da Bíblia?

São mais de 50 pessoas, de que Deus se serviu para escrever sua revelação, à medida que o tempo ia passando.

7. Onde foi escrita a Bíblia Sagrada?

Na Palestina, ou terra de Canaã, e suas imediações e em outras regiões do Antigo e do Novo Testamento.

8. Em que língua foi escrita a Bíblia?

Foi escrita em hebraico, parte em aramaico e parte em grego.

9. A Bíblia foi escrita de uma só vez?

Não. Foi escrita num período de aproximadamente 1300 anos. De Moisés até são João Apóstolo.

10. Qual é o conteúdo da Bíblia?

A Bíblia não é um livro de ciências, mas um livro que traz a revelação de Deus ao mundo e a história da salvação.

2.
DIVISÃO DA BÍBLIA

1. Como se divide a Bíblia?

A principal divisão da Bíblia é: Antigo Testamento e Novo Testamento.

2. Por que se chama Testamento ou Aliança?

Porque Deus fez um trato, ou uma aliança com os homens, para libertá-los e salvá-los. Esta aliança foi cumprida, definitivamente, em Jesus Cristo.

3. Quantos livros tem o Antigo Testamento?

O Antigo Testamento tem 46 livros. Começa com o *Gênesis* e termina com *Malaquias*.

4. Quantos livros tem o Novo Testamento?

O Novo Testamento tem 27 livros. Começa com o *Evangelho* escrito por Mateus e vai até *o Apocalipse*.

5. O Antigo Testamento trata de quê?

O Antigo Testamento trata a respeito do mundo, do homem, da fidelidade e infidelidade do povo de Israel, da promessa do Salvador.

6. O Novo Testamento trata de quê?

O Novo Testamento nos apresenta Jesus Cristo, na sua vida, nos seus ensinamentos, nos seus milagres, no seu Evangelho, na pregação dos Apóstolos, e na vida dos primeiros cristãos.

7. Qual é o centro da Bíblia?

O núcleo central da Bíblia é Jesus Cristo. Tudo na Bíblia fala dele. O Antigo Testamento prepara sua vinda. E o Novo Testamento é ele mesmo, ao vivo.

8. Há outra divisão da Bíblia?

Sim. A Bíblia pode ser dividida, também, em livros históricos, didáticos e proféticos. Isto conforme os livros trazem a história do povo eleito, ensinamentos sapienciais ou profecias.

9. Há, ainda, outras divisões na Bíblia?

Sim. A Bíblia é dividida em 73 livros, e cada livro é dividido em capítulos, e versículos. Assim, posso dizer: livro do Gênesis, capítulo 1º, versículo 10.

10. Qual é o primeiro e o último livro da Bíblia?

O primeiro livro da Bíblia é o *Gênesis,* e o último é o *Apocalipse.*

3.
O POVO DE DEUS

1. Como se chama o povo escolhido por Deus?

Chama-se povo hebreu, ou israelita. É o povo descendente de Abraão, do qual deveria nascer o Messias, isto é, o Cristo.

2. Deus fez uma aliança com esse povo?

Sim. Deus fez uma aliança com esse povo. Javé (Deus) seria o seu Deus e o povo israelita seria o povo de Javé, isto é, de Deus.

3. Como começa essa história do povo eleito de Deus?

Passado muito tempo, desde a criação do homem, da história do primeiro pecado, da promessa que Deus fez de mandar um Salvador, Deus chama um homem de nome Abraão. Abraão é a raiz do povo eleito.

4. Qual foi a principal missão deste povo?

Foi conservar a fidelidade ao Deus único e verdadeiro, e ser o berço do Redentor.

5. Como Deus se manifestava a esse povo?

Através da lei dada a Moisés, no monte Sinai, e através dos profetas, que falavam em nome de Deus.

6. Qual é a parte mais importante da Lei?

É o decálogo, ou seja, os 10 mandamentos.

7. E qual é a parte mais importante dos Profetas?

Eles enxergaram e viveram os acontecimentos à luz da fé, e ajudaram o povo a fazer o mesmo. Deste modo, toda a vida deles foi um anúncio de Jesus Cristo, o maior dos Profetas.

8. O que era a Bíblia para o povo eleito?

Era como um código de vida e de leis. Deus queria que fosse assim.

9. A salvação foi prometida somente ao povo eleito?

Não. Deus quer que todos os homens se salvem e cheguem ao conhecimento da verdade. Mas, a salvação veio dos judeus.

10. Quer dizer que Jesus Cristo nasceu deste povo escolhido?

Exatamente. E esse povo foi preparado para dele nascer o Cristo.

4.
A HISTÓRIA DA SALVAÇÃO

1. Por que a história do povo israelita é chamada história da salvação?

Porque foi através da vida desse povo, que Deus foi revelando ao mundo seu plano de salvação.

2. Quando foi que se realizou, definitivamente, o plano de Deus?

Foi quando veio Jesus Cristo, na plenitude dos tempos. Nele se realizou todo o plano de Deus, toda promessa.

3. Como se pode resumir a história do povo israelita?

Pode-se resumir assim:
a) escolha e vocação de Abraão, começo da aliança;
b) libertação da escravidão do Egito, formação de um povo, tendo Moisés à frente;
c) entrega da terra ao povo sob o comando de Josué;
d) monarquia em nome de Deus;
e) purificação e verdadeiro ideal religioso, sua descoberta com o auxílio dos profetas.

4. Quando aconteceu esta história?

Do ano 1800, antes de Cristo, até o nascimento de Jesus, e no primeiro século da era cristã.

5. Como se chama esta história?

Chama-se Antigo Testamento ou Antiga Aliança, porque é a história da aliança entre um povo, muitas vezes, infiel e Deus, sempre fiel às suas promessas.

6. Quais são os 5 primeiros livros da Bíblia?

São: Gênesis, Êxodo, Levítico, Números, Deuteronômio.

7. Como se chamam esses 5 livros juntos?

Esses 5 livros juntos têm o nome de *Pentateuco,* Palavra que quer dizer, justamente, 5 livros. Trazem a Lei.

8. Que significa Gênesis?

Gênesis significa origem. Esse livro fala da origem do povo israelita e de suas primeiras reflexões sobre o mundo, o homem, o pecado, e a promessa de um salvador.

9. Que significa Êxodo?

Significa saída, partida. Esse livro lembra a saída do povo israelita do Egito para chegar à terra prometida por Deus.

10. É importante esse livro na história do povo de Deus?

É importantíssimo, porque narra o fato mais importante da história do povo de Deus. *Sua libertação*. E essa libertação é celebrada anualmente na Páscoa.

Habitações de UR na época de Abraão

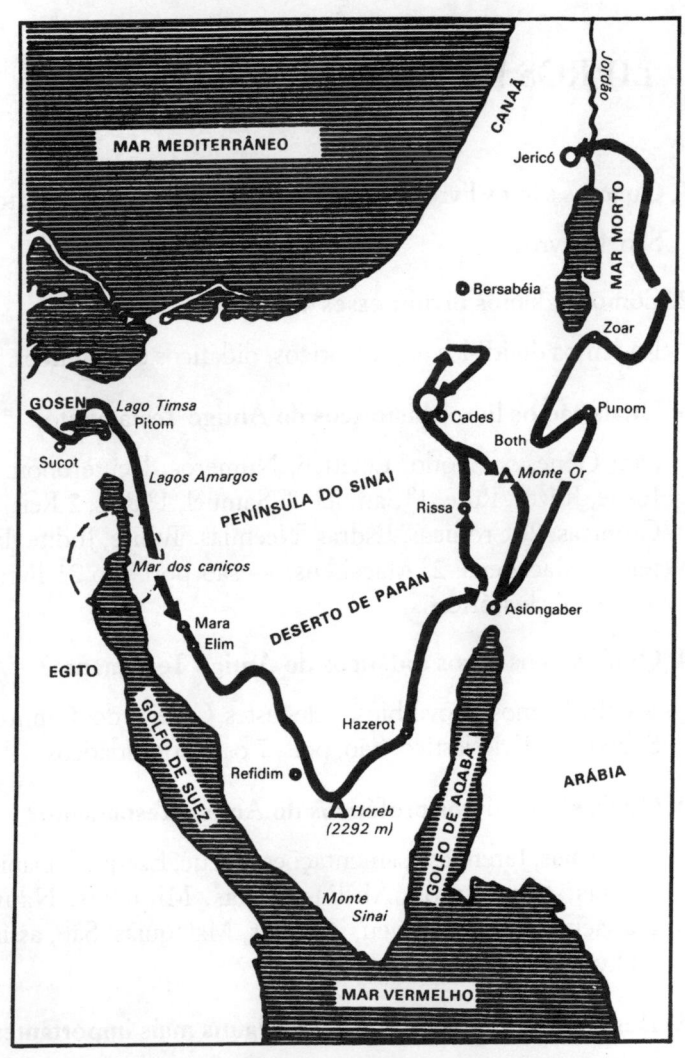

O itinerário do povo de Israel do Egito, através da península do Sinai, até Canaã (século XIII a.C.)

5.
LIVROS DO ANTIGO TESTAMENTO

1. Quantos são os livros que compõem o Antigo Testamento?

São 46 livros.

2. Como podemos dividir esses 46 livros?

Podemos dividi-los em históricos, didáticos e proféticos.

3. Quais são os livros históricos do Antigo Testamento?

São: Gênesis, Êxodo, Levítico, Números, Deuteronômio, Josué, Juízes, Rute, 1º Samuel, 2º Samuel, 1º Reis, 2 Reis, 1º Crônicas, 2º Crônicas, Esdras, Neemias, Tobias, Judite, Ester, 1º Macabeus, 2º Macabeus, — são portanto 21 livros, chamados históricos.

4. Quais são os livros didáticos do Antigo Testamento?

São: Jó, Salmos, Provérbios, Eclesiastes, Cântico dos Cânticos, Sabedoria, Eclesiástico. São, pois, 7 os livros didáticos.

5. Quais são os livros proféticos do Antigo Testamento?

São: Isaías, Jeremias, Lamentações, Baruc, Ezequiel, Daniel, Oséias, Joel, Amós, Abdias, Jonas, Miquéias, Naum, Habacuc, Sofonias, Ageu, Zacarias, Malaquias. São, assim, 18 livros proféticos.

6. Destes livros podemos destacar alguns mais importantes?

Podemos, sim. Alguns se destacam mais pelo seu conteúdo de revelação, como: Gênesis, Êxodo, Salmos, Isaías, Amós.

7. Esta lista de 46 livros do Antigo Testamento sempre foi aceita pelos judeus?

Não. Porque no ano 100, depois da morte de Cristo, os *fariseus,* chefes do povo de Israel, resolveram tirar 7 livros da coleção; entretanto os Apóstolos de Cristo os aceitaram, como inspirados por Deus.

8. Quais são esses 7 livros do Antigo Testamento que os judeus resolveram tirar da coleção?

São os seguintes: Tobias, Baruc, Judite, Sabedoria, Eclesiástico, 1º e 2º livros dos Macabeus.

9. Por que os fariseus resolveram tirar da lista esses 7 livros?

Diziam que Deus só podia inspirar em hebraico, dentro das fronteiras da Palestina, e somente até o tempo de Esdras. Como esses 7 livros mencionados foram escritos, ou em grego, ou fora da Palestina, ou depois de Esdras, não foram aceitos por eles como inspirados.

10. Qual outro motivo por que os fariseus fizeram isso?

Porque os Apóstolos ensinavam que Deus quer que todos se salvem, e não só os judeus. Também porque os fariseus queriam combater a Igreja de Cristo, e os Apóstolos aceitavam esta coleção de 46 livros, mais os livros do Novo Testamento, escritos em grego.

11. Quantos livros tem, então, a Bíblia dos judeus?

Apenas 39 livros, porque não aceitam esses 7, e não aceitam também o Novo Testamento.

12. Qual é a lista que a Igreja Católica, desde o tempo dos Apóstolos, aceita?

É a coleção completa dos 46 livros. A verdadeira Igreja é apostólica, isto é, vem do tempo dos Apóstolos.

13. E a Bíblia protestante é diferente? Ou é igual à nossa?

Não é igual à nossa, é diferente. Eles também não aceitam os 7 livros. Principalmente a partir do século passado, as edições protestantes da Bíblia seguiram a lista aceita pelos judeus. A Bíblia protestante não traz esses 7 livros.

6.
NOVO TESTAMENTO

1. Há uma ligação entre o Antigo e o Novo Testamento?

Evidentemente que há. O Antigo Testamento é uma preparação para tudo aquilo que haveria de acontecer no Novo Testamento. O Novo Testamento é uma realização e um aperfeiçoamento do Antigo Testamento.

2. Qual é o ponto de ligação entre o Antigo e o Novo Testamento?

É a pessoa, a mensagem, a doutrina de Jesus Cristo.

3. Quantos são os livros do Novo Testamento?

Ao todo são 27 livros do Novo Testamento.

4. Como se dividem eles?

Também eles se dividem em históricos, didáticos e proféticos.

5. Quais são os livros históricos do Novo Testamento?

São os 4 Evangelhos: Mateus, Marcos, Lucas e João, e ainda o livro, chamado Atos dos Apóstolos. 5 livros históricos.

6. Quais são os livros didáticos do Novo Testamento?

São as 14 cartas atribuídas a são Paulo, e as 7 cartas chamadas católicas. São: Cartas de são Paulo: Romanos, 1ª Coríntios, 2ª Coríntios, Gálatas, Efésios, Filipenses, Colossenses,

Palestina: Situação política no tempo de Jesus

1ª Tessalonicenses, 2ª Tessalonicenses, 1ª Timóteo, 2ª Timóteo, Tito, Filêmon, Hebreus. Cartas de outros Apóstolos: Tiago, 1ª Pedro, 2ª Pedro, 1ª João, 2ª João, 3ª João, Judas. Ao todo são 21 livros didáticos.

7. Quantos e quais são os livros proféticos do Novo Testamento?

Embora todo o Novo Testamento seja profético, só um livro costuma ser chamado assim. É o Apocalipse, o último livro da Bíblia.

8. Quais são os livros mais importantes do Novo Testamento?

São os 4 Evangelhos. Aliás, propriamente falando, não são 4, mas um só. O Evangelho de Jesus Cristo, que foi narrado de maneira diferente por 4 Evangelistas. Cada um procurou enfocar determinados aspectos da vida, da mensagem, dos milagres de Jesus.

9. Como são simbolizados os 4 Evangelistas?

De acordo com a profecia de Ezequiel, 1,4-10, os 4 Evangelistas são simbolizados pelas seguintes figuras:

a) MATEUS, pelo *HOMEM*, porque começou a narrativa do Evangelho com a genea logia de Jesus.

b) MARCOS, pelo *LEÃO*, por ter começado sua narrativa pelo deserto, onde habita o leão.

c) LUCAS, pelo *TOURO*, por ter iniciado sua narração pelo Templo, onde se oferecem os sacrifícios de touros e carneiros.

d) JOÃO, pela *ÁGUIA*, por descrever no seu Evangelho o mistério da divindade de Jesus. Como que paira nas alturas, onde as águias costumam voar.

10. O livro dos Atos dos Apóstolos traz o quê?

Traz um pouco da vida, dos ensinamentos, e das atividades dos Apóstolos, logo depois que Jesus voltou para junto do Pai. Traz também a vida das primeiras comunidades cristãs.

11. As cartas dos Apóstolos trazem o quê?

Trazem a doutrina cristã, pregada, transmitida pelos Apóstolos às comunidades cristãs primitivas. As cartas dos Apóstolos são como que um catecismo do Evangelho.

12. E o Apocalipse?

O Apocalipse significa revelação, foi escrito por são João Apóstolo e Evangelista. Desejava ele sustentar a fé e a esperança dos cristãos perseguidos, no início do cristianismo. Anuncia ele a derrota dos perseguidores e a vitória final dos cristãos perseguidos.

Por meio de visões e quadros fantásticos, fala da glória e da parusia, ou seja, do céu.

7.
COMO A BÍBLIA CHEGOU ATÉ NÓS

1. Como Deus se revelou a nós?

Deus se revelou a nós por meio de sua Palavra.

2. Por meio de quem Deus se revelou?

No Antigo Testamento, por meio dos Patriarcas e dos Profetas. No Novo Testamento, Deus falou por meio de seu Filho, Jesus Cristo (Hb 1,1s).

3. Como chegou até nós a Palavra de Deus?

Primeiro por via oral, isto é, pela palavra falada. Depois, por escrito. A Palavra de Deus, antes de ser escrita, foi falada.

4. Como se chama esta transmissão da Palavra de Deus por via oral?

Chama-se Tradição. A Tradição Apostólica é fonte genuína da revelação.

5. Qual foi o primeiro escrito do Novo Testamento?

Foi a carta de são Paulo aos Tessalonicenses, escrita lá pelo ano 52 da era cristã. Data em que a Igreja já tinha uns 20 anos de existência.

6. Como se conservou a mensagem do Evangelho, antes de ser escrita?

Pela pregação dos Apóstolos e vivenciada pelas primeiras comunidades cristãs.

Panorama do Gebel Quarantal ou "Monte da tentação"

Mateus 4,1: "Então Jesus foi conduzido pelo Espírito (Santo) ao deserto, para ser tentado pelo demônio".

7. O Antigo Testamento já estava escrito antes de Cristo?

Sim. Inclusive os Apóstolos citavam textos bíblicos do Antigo Testamento para confirmar sua pregação.

8. Quem apareceu primeiro, a Igreja ou a Bíblia?

O Antigo Testamento é anterior à Igreja. O Novo Testamento apareceu depois que a Igreja já existia.

9. Por que Cristo instituiu a Igreja?

Para dar continuidade a sua obra redentora, salvadora e libertadora. Jesus deu à Igreja a missão de anunciar o Evangelho do Reino.

10. Quem pode interpretar a Bíblia para ensinar?

A Igreja instituída por Cristo para isso. A Igreja recebeu a Bíblia como auxiliar de sua pregação oral. O magistério da Igreja se apóia na Tradição oral e na Bíblia.

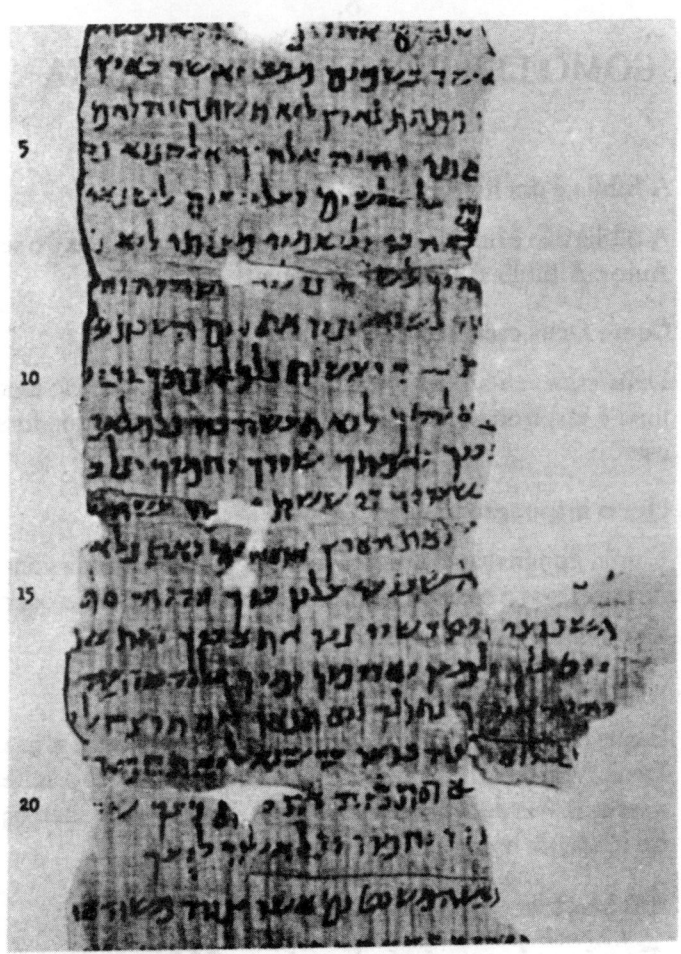

O *Papiro Nash*, descoberto em 1902 no Médio Egito, contém dois trechos do Êxodo e do Deuteronômio, entre os quais os Dez Mandamentos. Este documento remonta provavelmente ao primeiro ou segundo século depois de Cristo.

8.
COMO LER E ENTENDER A BÍBLIA

1. A Bíblia é um livro como os outros?

A Bíblia não é um livro como os outros, porque Deus é o seu Autor. A Bíblia é a Palavra de Deus.

2. Como Deus escreveu a Bíblia?

Deus escreveu a Bíblia por meio de homens, que ele escolheu e inspirou para escreverem o que ele queria que fosse escrito.

3. Que é inspiração bíblica?

É uma iluminação do entendimento, uma moção da vontade para levar o escritor sagrado a escrever o que Deus queria e somente aquilo.

4. Qual é a conseqüência disso?

É que o autor humano é como um instrumento na mão de Deus. Mas é um instrumento humano, que coloca também suas aptidões a serviço da inspiração de Deus. Há diferença, no modo de escrever, de um livro para outro.

5. A Bíblia tem erro?

Deus é seu Autor principal; por isso, a Bíblia apresenta, sem erro, a verdade, que nela está escrita para a nossa salvação.

6. Como se chama a ausência de erro na Bíblia?

Chama-se inerrância.

7. A Bíblia é um livro de ciência?

A finalidade da Bíblia é revelar o plano de Salvação para os homens. Deus quer nos salvar.

8. Qual é a linguagem da Bíblia?

Deus usa a linguagem simples do povo.

9. Que é hermenêutica bíblica?

É a maneira de interpretar a Bíblia. É a gente procurar o sentido ou a verdade que Deus quis revelar, por meio do autor humano.

10. Quais os sentidos que podemos encontrar na Bíblia?

a) sentido literal é o sentido que a palavra evoca, dentro do contexto religioso da Bíblia;
b) sentido típico, quando fatos ou pessoas do Antigo Testamento simbolizam os mistérios ou pessoas do Novo Testamento;
c) sentido adaptável, quando a gente aplica um texto bíblico a um acontecimento diferente daquele que o autor sagrado quis significar.

9.
COMO DEVEMOS LER A BÍBLIA

Devemos ler a Bíblia, tal como ela é, não como PALAVRA DE HOMENS, MAS COMO PALAVRA DE DEUS (1Ts 2,13).

Devemos fazer isso, com humildade, pois Deus se revela aos pequenos e humildes. "Estas coisas estão escondidas aos sábios e foram reveladas aos pequeninos" (Mt 11,25) .

A Bíblia não deve ser lida por curiosidade, porém como coisa útil para a vida. "Tu, porém, persevera nas coisas que aprendeste, e que te foram confiadas, sabendo de quem as aprendeste, e que desde a infância foste educado nas Sagradas Letras. Elas te podem instruir para a salvação pela fé que há em Jesus Cristo. Toda Escritura, divinamente inspirada, é útil para ensinar, para repreender, para corrigir, para instruir na justiça, a fim de que o homem de Deus seja perfeito e apto para toda boa obra" (2Tm 3,14-17).

O Monte Tabor, lugar da transfiguração de Jesus

Marcos 9,2: "Seis dias depois, tomou Jesus consigo Pedro, Tiago e João, conduziu-os à parte a um alto monte e transfigurou-se diante deles".

10.

JESUS CRISTO, SALVADOR E LIBERTADOR

1. Quem é Jesus Cristo?

É o Filho de Deus, feito homem para salvar todos os que crêem nele. É o grande Profeta do Pai.

Veja: Jo 3,16 "Deus amou de tal modo o mundo que lhe deu seu Filho unigênito, para que todo o que crê nele não pereça, mas tenha a vida eterna".

2. Quem afirmou que Jesus é o FILHO DE DEUS?

O Pai do céu declarou isso, os contemporâneos de Jesus também disseram, pelo que viram, e ele mesmo demonstrou ser o Filho de Deus.

Veja: Lc 1,31-32.
     Lc 2,11
     Mt 3,17
     Jo 4,25-26
     Lc 22,70
     Jo 17,3.

3. Para que Jesus veio ao mundo?

Para nos salvar. É para isto que nos revelou o Pai e o mistério da Trindade.

4. O que Jesus fez para nos salvar?

Anunciou a Boa-nova do Reino, o Evangelho, instituiu a Igreja, deu sua vida, ressuscitou, deixou-nos a Eucaristia, e enviou-nos o Espírito Santo.

Veja: Mt 16,18
1Cor 11,22
Mc 14,22
Rm 14,9 Jo 14,16.

5. A salvação trazida por Jesus é para todos?

É para todos. Porque Deus quer que todos se salvem e cheguem ao conhecimento da verdade (1Tm 2,4).

Palavras de Jesus:
"EU SOU O CAMINHO,
A VERDADE, A VIDA,
e ninguém vem ao Pai senão por mim" (Jo 14,6).

O Cristão deve ter a Bíblia, em casa,
deve ler a Bíblia
deve meditar a Bíblia,
deve viver a Palavra de Deus.

A FÉ E A ORAÇÃO DO CRISTÃO

Creio em Deus Pai
todo-poderoso,
Criador do céu e da terra,
e em Jesus Cristo, seu único
Filho nosso Senhor,
que foi concebido
pelo poder do Espírito Santo,
nasceu da virgem Maria,
padeceu sob Pôncio Pilatos,
foi crucificado,
morto e sepultado;
desceu à mansão dos
mortos; ressuscitou
ao terceiro dia;
subiu aos céus; está sentado
à direita de Deus Pai
todo-poderoso,
donde há de vir a julgar
os vivos e os mortos.
Creio no Espírito Santo,
na santa Igreja católica,
na comunhão dos santos,
na remissão dos pecados,
na ressurreição da carne,
na vida eterna.
Amém.

Pai nosso, que estais nos céus
santificado seja o vosso nome;
venha a nós o vosso reino,
seja feita a vossa vontade,
assim na terra como no céu;
o pão nosso de cada dia
nos dai hoje;
perdoai-nos as nossas ofensas,
assim como nós perdoamos
a quem nos tem ofendido
e não nos deixeis cair em tentação,
mas livrai-nos do mal. Amém.

A LEI DE DEUS (O decálogo)

1. Amar a Deus acima de tudo.
2. Não tomar o nome de Deus em vão.
3. Guardar o dia do Senhor.
4. Honrar pai e mãe.
5. Não matar.
6. Não pecar contra a castidade.
7. Não furtar.
8. Não levantar falso testemunho.
9. Não cobiçar outra pessoa com más intenções.
10. Não cobiçar as coisas dos outros.